下里巴蛋杂草集

微信帖子选 · 2013 至 2018

未寒蛋 编著

欢迎联系作者邮箱：xialibadan@gmail.com

ISBN: 978-1-7326164-0-0

2018 年 7 月第一版

封面设计：未寒蛋

版权所有：未寒蛋

保留一切权利

谨以此书献给我的老爹和老娘。

致谢

诸多朋友为此书的出版提供了无私的帮助与支持。未寒蛋在此特别感谢洁的悉心校对、雁在出版方面的指导，建的热心联系，以及婷和璞对内容与封面设计的反馈。

目录

前言   1

杂诗

今忆归   3

问   4

会议室   6

礼花弹   7

你抱着破吉他，唱歌给谁听   8

无题   9

六角型的天空   10

壶觞创业歌   11

唱支山歌给爹听   12

雁   13

诗和远方   14

离你最近的地方	15
还有六十秒就下课	17
仲夏藏行	18
意义	19
初恋	20
彩色世界	22
魔	23
媳妇儿说	24
做梦	26
吉他手刘炎	27
只有蟋蟀作我伴	29
冬趣	31
赌徒	32
浅色蒲公英	33
天地歌	34
山路	35
卤煮火烧	36
致帆	37

你	38
老崔喜欢独来独往	40
滑雪	41
垂杨柳	43
《彩虹》歌词	45

杂感

蛋蛋一家在洗澡	49
记一次梦境	50
程序员独白	56
城市微印象	58
《白鲸》片段	60
创业一句半	62
椰子系列	64
查无此人	67
查无彼人	68

杂谈

漫谈一句半 … 70

谈信仰系列 … 75

谈读书系列 … 80

谈创业的原动力 … 86

读《包法利夫人》感 … 88

评龙应台在台大的讲演 … 91

论沐浴 … 95

程序猿，你该进化了 … 98

杂小说

枪的没落与唤醒的男生 … 102

儿子 … 104

手机 … 105

李新国在硅谷 … 117

下里巴蛋杂草集

前言

未寒是陕西下的蛋，在北京长大，从事软件业，当过工程师、经理、副总裁、首席技术官。博士辍学后入驻硅谷创业，获杨致远、Paul Graham 等著名投资人的资助。现供职谷歌，有一妻二子。

此蛋经常在寂静之夜用微信涂鸦。本书收集了他在 2013 到 2018 年间发表在朋友圈的各类帖子，包括诗歌、散文、评论、微小说四个部分。

因为事业的关系，此书有不少内容与创业相关，甚至包括看似无关的帖子，比如《无题》、《雁》、《做梦》、《赌徒》、《山路》、《枪的没落与唤醒的男生》等。创业维艰，也许只有创业者才能体会。

十年磨一剑，五年炼一蛋。从一三年至今，此蛋经历了生活与事业的波澜。杂草集从侧面反映了他的个人成长与经历。

此书文字粗糙，不登大雅。切勿严肃对之。

—— 二零一八年七月十八日

杂诗

今忆归

2014.9

高脚杯
纤纤玉手
银盏无心推
晃烛台
粼粼秀发
明眸沁心醉
绵羊骨
淡淡笑靥
红唇拭粉绢
低声语
款款珍珠
彩颊渐朦胧
忆那年
斑斑绚丽
白裙舒眼前
秋意浓
遥遥暖风
怎若催人归

问

2015. 5

他赤身裸体
投拜苍穹
在永恒的蟋蟀声中
星夜如母体
守护着阑珊灯火

璀璨银河
既然你见证了创世始皇帝
请你告诉我
万年后的长城为谁而修
蟋蟀的命运又何去何从

璀璨银河
既然你目睹了同类相残的千年繁华
请你告诉我
主宰是否终被人工智能践踏
文明列车又将驶向何方

他赤身裸体
仰视苍穹

三百年[1]蟋蟀依旧
太空寂静依然

后记

他回首信步
蓦然释怀：
遍身披霓虹
五指染墨香
天野虽惆怅
人间自有寄托

---

[1] 三百年前是人类自然探索的萌芽时期。

会议室

2013.7

一个人的会议室
橘色灯光
黑转椅
孤独的钢琴曲
单程思绪
轻扶眉
不知念着谁

礼花弹

2015.12

礼花弹
一埋便是十年
不见世间灿烂
不知自己颜色
足矣

被人掸去浮土
推入弹膛
砰……
啪!

幻世繁天
银色的孩子们睁大了眼

散了
散了
残破青烟
夜色无边
再也抓不住回头凝望的脸

你抱着破吉他，唱歌给谁听[2]

2015.12

我唱给面无表情的路人
我唱给不见人影的窗户
我唱给那双融化我的眼
我唱给总在失恋的螳螂
我唱给咿呀学语的男孩
我唱给从戎归来的儿郎
我唱给床对面的老太婆
谁能捎我的吉他到天堂

---

[2] 这首诗写的是从青春到老去的过程。

无题

2013.7

一刹那爱情的澎湃
只为后半生静如止水的厮守
仲夏夜醉酒的诗情
只为白露后蹄践沙场的威扬

六角型的天空[3]

2016.1

飞扬的尘埃
能否帮我解这道数学题
跳舞的方程
让我的铅笔描起了你
铮亮的吉他
为何不用学习
那年的天空
满是情窦初开的回忆

---

[3] 未寒蛋的高中教室是六角形的。

壶觞创业歌

2016.1

红酒映赤裙
吆商如烟云
墨旗无倦色
银发追梦君

唱支山歌给爹听

2016.3

田间的露水打湿了鞋啊
于是你轻挑肩头扛我走

林中的百鸟歌唱得欢啊
于是你抓来山鸡给我瞅

路上的棘梗扎人很疼啊
你尽管甩着斧头歌悠悠：

嘿～～～ 呦嘿～～～
黄土里钻出个
俊俏的儿～～～呀！

如今我大步往前走
回头不见你的忧愁

欢笑留在了彼岸的山谷
我不知如何与你交流

雁

2016.4

灰雁刺青云
斜阳破金翼
唯慕视界宽
无念逝子哀

诗和远方

2016.4

听完这首曲
路灯藏起月光
赶路,赶路
放下诗和远方

离你最近的地方[4]

2016.7

我站在海拔五千米的山口
雪山安详等待着世人的回归
我伸出手
仿佛就要触到云彩

此时的我离你这样近
为何仍抓不住你的手
为何仍嗅不到你的气息

你在哪里
你在哪里
你
在哪里……

起风了
拍打着千万支幡旗
是你来了么？

---

[4] 写于唐古拉山口，致我的祖父。

请你告诉我：
你就在这里
你就在这里！

请你抓住我的臂膀
请你告诉我你的期待
请给我时间让我表达
请你
不要再离开我！

……

要走了
让我把思念刻在青石板上
放在离你最近的地方
如果天堂里没有大洋彼岸
就请你常来这里
看看它

还有六十秒就下课

2016.7

草稿纸上的战场腥风血雨
她还在不知趣地暗送秋波
树下的秋千早已等不及
迎接那支飞舞的花裙子

仲夏藏行

2016.7

昨日梦中追寻无人的戈壁
在唯你独占的蓝天下慢慢展开
两千年荣耀凝固在嶙峋巨硕间
大唐盛世送文成公主一笑征远疆

转眼灰飞烟灭唯见碌碌众生拜佛保平安
指尖划过布宫只带走一抹喧嚣与尘埃
茫茫天地生灵万物是谁在主持
拾起行囊心怀安详继续奔远方

意义

2014.5

深夜里自省的我
像无畏的士兵
已奋斗多时
蓦然回首
人已远
为了
谁

初恋

2014.5

冬天的操场
只有你与我
陪伴着信鸽的哨音
我步上白绒
听踏雪的声音
你嗔怪我坏了美景
忙拉我回身边
我顺势揽起你红色的舞裙
开始在银色湖上
在黑色的秀发间
旋转… 旋转…

直到你轻轻的
双手滑落我的肩
我的肘
我的指尖

我用力伸出臂膀
全身静止在空中

掌声雷鸣

聚光灯

黑暗中 不见你

只有来世飘雪再珍惜

彩色世界

2014.6

我走在茂密的林间
与血红的云雀对歌
向七彩的孔雀告别
却从未停止过脚步
据说这墨绿的尽头
是一片紫色的海洋

直到有一天
金色啄木鸟
轻落在肩头
悄声告诉我
你这大色盲
世界皆灰黄

魇[5]

2014. 6

红转马
孩子的笑
枪击案
芭蕾舞鞋
集中营
红色血泊
焚尸场
黄色裙摆
坦克车

---

[5] 此诗描写的是一幅想象中的静止画面。"世上能生成九个魇,也不一定形成一个魇,而九个魇的凶厉,也比不上一个魇" — https://baike.baidu.com/item/魇

媳妇儿说

2014.6

不管你多忙
都要听我多唠叨
一边搂着我丰满的小腰

我生气你态度好
笑着给我个拥抱

陪我逛街不要吵
街上妹子不要瞧
每天我对镜两小时
照顾小宝不能闹

晚上我得陪孩子睡
早晨你为什么抱着我的脚

给你做的佳肴
哪怕鸡蛋变黑饼
也要为我自豪

哪怕以上全做不到
只要记住这一条：

你是家里的依靠
出门把自己照顾好

做梦

2014.6

我做了一个梦
梦见自己变成雏鹰
努力飞过树梢
飞向了月亮
大河变成闪光的项链
繁星冲出雾霾的遮掩
可是翅膀融化了
加速坠落
我害怕极了，大喊救命
砰的一声
栽到床上，醒了
"再也不要做这样的梦"
于是又睡着了

这次我梦见自己变成母鸡
下了好大好大的蛋
有主人的笑
有大奖状
还有好美好美的窝

吉他手刘炎

2014.7

踏着借来的皮鞋
走进新街口的录音棚
刘炎和老板签了约

刘炎五岁没了妈
邓丽君成了他永恒的依靠
剃过秃瓢
留过长发
曾被两个女生追着亲
也被三个老师追着打

躺在复兴门的草地上
抱着吉他喊罗大佑
坐在天安门的广场上
饿着肚子吼一块红布

曾不远万里跑清华
就是要看张楚
如今终成音乐人

每天生疼的手指
每天撕裂的呐喊
每天骂街与狂笑
每天中午抢炸酱面
那是光辉的岁月

处女作不理想
刘炎没往心里去
白天继续冲天叫
晚上继续吱嘎响
可惜他睡错了人
被一脚踹出了音乐的门

刘炎当了公车售票员
报站名成了他现实的摇滚
观众越来越时髦
眼中光芒却越来越少
听他的音乐只要一毛

那天他去了演唱会
看着刘义军的笑模样
想到上次抹泪还是在天安门广场

只有蟋蟀作我伴

2014. 8

无人的夜
只听一只安静的蟋蟀
在我窗下慢慢地唱
也想触摸那钢琴的键

圣洁的白与黑
尘俗在此间烟消云散
曲谱上的抑扬顿挫
让心底顿生崇敬

无尽的赋格
宛如灵魂的构成
和久违的归宿
悠悠冉冉
由指尖飘逸出来
在这小屋中回旋

我看到她了
我属于她了

她散发着安然的光
在天边向我低语

雾霾随风飘散
我看见嬉笑怒骂的人群
一半红 一半黑
变了形的脸膨胀着
将一条条尖刀磨亮
把一片片凶险窝藏

去吧，藏刀者！
我已经远离
你纵使近在咫尺
也无法玷污我的小屋
因为只有蟋蟀为我作伴

冬趣

2014. 8

大姐出嫁忙梳妆
老爹入冬要糊窗
二哥腊八揽靓嫂
傻子拉磨尽情唱
马兰开花二十一[6]
寻见二嫂采高粱[7]

---

[6] "马兰开花二十一"是旧时儿童们跳绳时唱的歌谣。
[7] 高粱的收割季节是秋天和春天,不在冬季。

赌徒

2014.8

你这莽撞的赌徒
押上全部青春
将生命的赌台高筑

你若赢了
台下的漆黑
聚光灯中只见你孤独

你若输了
被玷污的心中
只剩下下轮赌注

疯疯癫癫
痴痴狂狂
天才是你
蠢才是你
绝世糊涂

浅色蒲公英

2014.9

你有没有一支浅色蒲公英
藏在远处
微笑着飘飘又荡荡?

你伸手去抓
它消失在空中
你仔细地瞧
它无影又无形

反而在内心平静的夜晚
它悄然降落
在心中散发温暖和力量

天地歌

2014.9

女儿去 基业留
基业去 江河留
江河去 壮士留
壮士去 英武留
英武去 义气留
义气去 天地留
天地行一，义气当道

山路

2015.5

我不愿站在山顶俯视,
因为那儿离悬崖不远。
我宁可从山脚开始,
因为那儿只有往高走的路。

我的理想是爬一座没有尽头的山,
与同道人分享路边的梅花冰激淋与雪莲巧克力。
那些神圣的花儿,
待我们每个人都一样。

卤煮火烧

2015.5

在此温柔的
是我朝思暮想的卤煮火烧
肥肠戏齿
滑肝抚唇
挑箸细品断肝肠
眺望亲人影绰绰

我还是我
你不再是你
正正宗宗
已为我梦中奢望
真真切切
念家人漂落远方

致帆

2915.5

帆啊帆
你这是带我去哪儿
红色的鱼儿往那边涌

帆啊帆
你这是带我去哪儿
金色港湾在那边召唤

帆啊帆
你带我到了哪儿
紫色雾霭让人心醉
这边虹霓竟是我的家

你

2015. 6

你是圣人
你是囚徒
你是龌龊心中的崇高
你是崇高脚下的龌龊
你是怜香惜玉的
你是被她嫌弃的
你是英雄的
你是可怜的
你爱世人
你恨世人
你渴望目光
你害怕关注
你的左边是天才
你的右边是矮子
你为婴儿的啼哭心碎
你为自己的亡无动于衷
你是黑的
你是白的

白的冲上云霄
像天使一样

老崔喜欢独来独往

2016. 8

钟鼓楼的声音已停了半晌
他的黑发已经随风飘散
没有了美丽的眼睛听他撒谎
老崔还是喜欢独来独往[8]

---

[8] 每句分别对应：何勇、张楚、唐朝、崔健。

滑雪

2015.1

脚下千里茫
穹顶四方黄
金盔银甲
俊男倩女忙换装

山下人影小
远眺心中傲
脚蹬俊橇
屏气听风雪中摇

橇头冲锋急
冷气袭里衣
轻扭腰
缓提足
猛踏脚后跟
闷声四起
身后一片纷扬的白
划下一路飘洒的弧

路渐陡
心渐慌
我要滑出行
你娘！
刹那之间
蓝光白光
叮叮铛铛
像姑娘抛的绣球
像狗熊滚的木梁

空气宁静
万物祥和
唯有我天地独尊
大字仰在山坡
咀嚼瑞雪的清香

我又从风中跃起
大雁腾空
鲤鱼展翅

我是如此
自——由——自——在

垂杨柳

2015.12

一

北京的垂杨柳，曾有几分挂念
信鸽的哨音，在奶奶头顶盘旋
她想念的儿啊，总没有一封家书
送奶的叔叔，能否为我代笔？

二

北京的垂杨柳，曾有几朝烂漫
排队的小黄帽，总在下面路过
那抿嘴的丫头，是我的中队长
打我的王大力，请不要欺负她

三

北京的垂杨柳，曾有几许怀念
弯叶轻抚北海的水，映出灯节霓虹

站在影里的祖父，在教我识字谜
留在影里的我，在独自祭奠他

四

北京的垂杨柳，曾有几段幸福
一年一度迎除夕，坐上公车赶长途
四十八只筷子向猪羊，二十四张嘴巴笑哈哈
爸妈匆匆别春晚，只为我回家看礼花

五

北京的垂杨柳
爱要怎么说出口
那些在的人和不在的人
那些亲近的人和久别的人
那些助我的人和我忘的人
那些爱我的人和我伤的人

在我的沉默中来了又去了
在我的记忆中出现又消失了
它花开花落
我渐行渐远

《彩虹》歌词

2014.9

我很喜欢宫崎骏的电影,因此将《千与千寻》的插曲《いつも何度でも》填了词并演唱。以下是视频的链接。

YouTube 视频:

土豆视频:

词：未寒蛋
曲：久石让

那年一天的雨后 我忽然看见彩虹
虽只是一刹那感动 我生命已照亮
曾寂寞无助的路上 竟有同行的身影
不知不觉中陷入梦境 和未名的恐慌

开始翻很遥远的山 只为见一见那美丽彩虹
明知那边海市蜃楼 却尽管蒙住眼
开始写写写写没完没了 唱唱唱唱唱着幸福
明知这是虚无童话 仍感受着悸动

（重复段开始）

体会前所未有的感觉 成熟的真实
不再有青涩的渴望 努力奉献温暖
不觉为你改变自己 虽无生命的交点
你经常笑不受欺负 是我最大的满足

为何天天听听你爱的歌 夜夜等等你的消息
你爱吃的酸甜苦辣 我好想都尝遍
为何美丽的楼都像你 糖果店满是你的礼物
全世界的我 在聆听塞壬的歌声

（重复段结束）

就在奥德修斯醒来时 童话近尾声
公主和王子的结局 没有人猜得到
残缺就是完美 合上故事书才变勇敢
让我们完成这乐章 藏心底永不忘

是这非常奇妙的感受 让我像傻瓜一样英勇
我也想为你的彩虹 刷上新的色彩
是这犹如初生的美丽 唤醒对人生新的托付
希望你一路走好 有人将你珍藏

杂感

蛋蛋一家在洗澡

2014.10

	蛋爸	大蛋	二蛋
	浸泡	浸泡	φ
	φ	洗涤	浸泡
	洗涤	漂洗	φ
	漂洗	φ	洗涤
	φ	φ	漂洗
	甩干	甩干	甩干

蛋妈：看《爸爸去哪儿》

注：此作与事实不符，蛋树表示遗憾。

记一次梦境

2014. 11

我一般不会记得梦的细节，但是11月底的一场梦在我记忆中异常深刻。于是我决定将它忠实再现出来：

这是个暗黄色的阴天。你和我却兴致勃勃。

昨天收到 Greg 的来信。他说他在旧金山的尽头发现了一座小岛，他会在那里等我们。

于是你穿着红色裙子，我踏着棕色蹬山鞋，乘着有轨电车，叮叮当当、晃晃悠悠地来到旧金山最远处的码头。

码头是一片平坦的水泥广场。有熙熙攘攘的人群，却没有船。也不见金门桥。

"去小岛怎么走？"我问一位矗立着的老人。

"喏！"顺着大爷手指的方向，广场旁边有座小土包，埋着一条宽敞的隧道。两扇不锈钢门挡住入口，中间的夹缝刚好够一个人侧身通过。

小土包那头是一座矮山。穿过山便是海,出海不远便是小岛。岛上影影绰绰的剪影恰似雾中的曼哈顿。Greg 就在曼哈顿中央的平地。那儿也许叫中央公园:

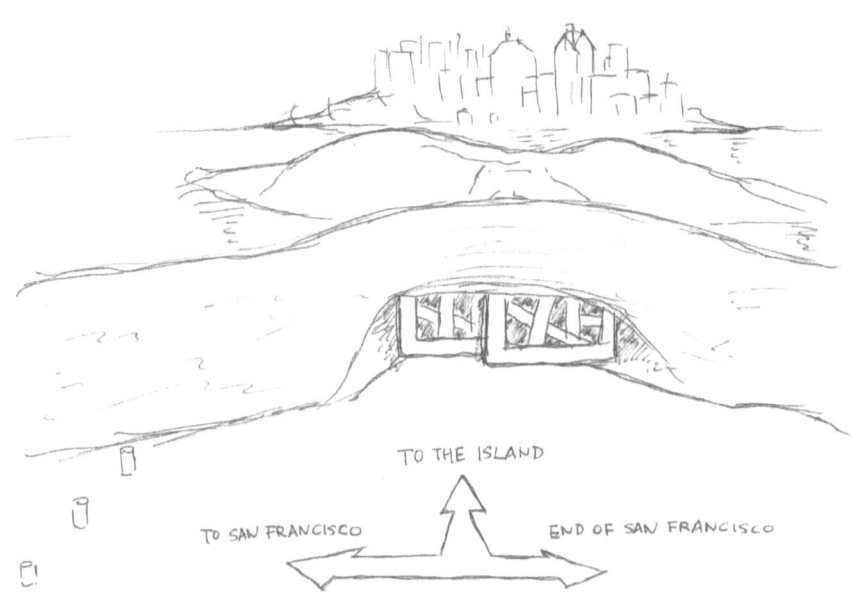

转眼已过隧道。眼前是一片浅溪,清澈见底的溪流漫过几块儿荷叶般大小的青石板和墨绿的苔藓。

还没等我反应过来,你已经轻盈地跳过石板。

"快来啊！"你在对岸欢快地招手。

我笨拙地脱下袜子，又穿好鞋子，汩汩地踩上石板。袜子掉下了水。我慢弯腰缓提手，捞起三只袜子。有一只是你的。

我们跑过一座石桥，走过一段石子路，你便站在岸上亭亭玉立。黝黑的长发如波浪一样披在肩后。两三缕卷发从前额和鬓角处细细长长地勾勒下来。她们半掩着你浓浓的眉、眺望远处出神的眼、和微笑着不说话的脸蛋儿。露水将发梢打得湿润，因而更加俏丽。

我左右巡视，这是一尊高大的方形建筑。既像希腊的神庙，也像废弃的厂房。建筑无脚下有几级宽阔的石阶。所谓岸，就是与石阶接壤、环绕建筑的台基。台基被水包围，前方已无路。台面上站着很多人，在等下一班车。

有一辆车从对面黝黑的桥洞中驶来，停靠在岸边。这是辆圆头圆脑的有轨电车，却像船一样行在水里：

我凑上去研究如何买票,只听一个人从窗口里探出头说:

"这是 Google 的免费班车。只要在这里按 LEZ330 和 LAXLAX,它就开到岛中央的 LAXLAX 站。上车送你们一筒炸薯片。"

顺着那人手指的方向，我看到车上镶着一片方形的显示板，上面闪烁着四五行黄绿色的字母。从第二行末尾开始，到第四行结束，是这样一串字符：

LEZ330ANDTOLAXLAX220[9]

---

[9] LAX是洛杉矶机场的代号。LEZ是洪都拉斯的拉埃斯佩兰萨机场代号。

于是我按了 LEZ330、LAXLAX。那人从另一扇车窗里铲了一纸筒炸薯片递给我。我又递给你。

正要捻起薯片往嘴里放的功夫，我醒了。

早上八点，Palo Alto 正经历着不常见的雷阵雨。

后记

我在整理这篇帖子时，发现梦里的一些情节竟与四年后的现实有很大重合：我只有一位好友叫 Greg。他于 2018 年加入谷歌位于旧金山的办公室。我在几个月后也加入了谷歌。期间我曾与 Greg 通过几次电话，了解公司的情况。他对我最终加盟起到了不小的作用。

我们在 2014 年时还是我行我素的自由主义者，绝对没有想到四年后会先后进入谷歌这样的巨型公司。

程序员独白

2013.9

完成了所有会议日程，清空了收件箱，每个人精神饱满、干劲十足。在这短暂的平静中，我终于又可以一头扎入程序的海洋，感受非码农很难理解的那种充实和兴奋。在这里，世间各般凡俗杂事被隔绝在千里之外，只留下让人惬意的宁静和占有欲。仿佛除了代码，一切都不需要存在。我将成为贯穿整个脑海的缜密布局的建造者和操作者。

这片布局就像一座复杂的城池；川流不息的逻辑和数据，像车水马龙一样运转在我的想象中。我灵活地穿梭在这座数字之城，时而高高跃起，审视和搬弄庞大的城市规划，时而跳上一串疾驰的字节，沿路改善线路的布局。我所关注的地方，会自动亮起，用不同颜色显示着只有我才能解释的玄机。我不再关注的地方会自动暗下去，仿佛再说：不用担心，我的设计师，这里一切井井有条！

随着键盘的劈啪声和双眼快速的移动，这优美的数字之城逐渐脱出脑海，在电脑空间中呈现出来。先是零星的建筑群落，然后通了两三条公路，其次是几颗亮晶晶的数据流过路面。从一开始到建设完毕，整个过程需要几天，几个星期，或者一个月。在这个过程中，脑海中的思路与电脑里的结构不断互动、交叉演进。我觉得自己正在完成的是件艺术品。整体框架和各处细节都应该是优雅的：不仅需要逻辑缜密，更要层次清晰，韵律明确，赏心悦目。

整个过程中最激动人心的，是我连接最后一条主干道的那个时刻。以往零零星星的交通，此刻会猛地成百上千倍地加速起来，像洪水般涌向城市的四面八方。整个城市就这样在不经意间运作起来了！之前只存在于我脑海里的系统，现在完整地呈现在我眼前。我的思想已完全注入电脑。此时此刻，也许我会跳起来大笑，也许会和同事热烈拥抱，也许绕着办公桌走一圈，揉揉眼睛，开始下一步计划。

城市微印象

2014. 7, 2015. 5, 2013. 8

广州

汗流浃背，在犹如蒸笼的广州小巷，与广东妹子老哥摩肩接踵地享用着，热的香的软的辣的特正宗的南方小吃。四周，喇叭声，单车声，空调声，吆喝声，窃笑声，喷嚏声，吧唧嘴声，广东话声，烤肉发出的嗞嗞声，不绝于耳。嘴里含着烫豆腐，香味儿直冲鼻孔，热气直奔丹田。趁这当口，赶紧哑一大口冰镇啤酒，将瓶底儿结结实实地砸在摇摇晃晃的木桌子上，震得瓶儿里的酒直吐白沫。仰天大笑，哈哈哈哈，这一溜烟儿的，才是真正的生活。

温哥华

若不是天气缘故，温哥华算是我最心仪的城市之一。市中心的街道宽阔优雅，繁华但不拥挤。整座城市彰显风格但有所收敛，就像一位四五十岁穿着得体而出众的长者，微笑着向人们打招呼。我喜欢随处可见的亚洲美女。她们的皮肤白得像蚕丝，偶尔扭着腰用细手夹着烟卷儿，喝醉了和她闺蜜们在大街上银铃般的笑。温哥华的亚洲美食名不虚传，夜市让我流连忘返。

檀香山

不像曼哈顿遍街的香水味儿，或在加州小巷里盛开的花香，檀香山没有独特的味道。因为水中微生物不多，这里闻不到大海的气息。海水尝起来只是淡淡的咸。沙滩的暖风中夹着少许防晒霜的味儿。

这里的人们反而很有味道。首先是当地人：经常看到披着长发，皮肤黝黑，体型健壮的年轻人，夹着冲浪板，光着膀子赤着脚，在街头跑来跑去，就像人猿泰山。

其次是亚洲美女：夏威夷吸引了大批中日韩的年轻游客。她们三五成群，娇美的容颜和时尚的裙摆在烈日下风情万种，特别引人注目。说到服饰，我觉得最有味道的是袭地百摺裙。它们在微风中如海浪般勾画着美好曲线。若再补上长发，影像堪称完美。（虽说如此，上半身设计出色的长裙在檀香山并不常见。）

相比之下，比基尼很难穿出味道。原因有四：一是过于暴露，二是它的设计空间太小，三是它往往把人体那几段最动人的曲线硬生生地截断，美感全无。可若要完全顺和曲线，又会过于性感。最后，每位人体各有千秋，需要不同的修饰和补偿。但我看大部分比基尼都千篇一律。

《白鲸》片段

2014. 8

赫尔曼的《白鲸》中尽是精华佳句。以下两段十分动人。中文是我自己的翻译。

"He (a savage I stumbled upon one day previous) pressed his forehead against mine, clasped me round the waist, and said that henceforth we were married; meaning, in his country's phrase, that we were bosom friend; he would gladly die for me, if need should be. In a countryman, this sudden flame of friendship would have seemed far too premature, a thing to be much distrusted; but in this simple savage those old rules would not apply."

"他（即我昨天刚结识的一个蛮人）将前额抵着我的前额，并用双手紧紧攥住我的腰说，我们从此做夫妻——这是他在用自己的话说：我们是挚友。他还说，会为了我而赴汤蹈火。在城里人看来，这样突如其来的友情宣泄太不自然、虚伪至极。然而，那些陈规陋习对这位低等的蛮人来说根本不适用。"

"A sleeping apartment should never be furnished with a fire, which is one of the luxurious discomforts of the rich. For the height of this sort of deliciousness [of intimate friendships] is to have nothing but the blanket between you and your snugness and the cold of the outer air. Then there you lie like the one warm spark in the heart of an arctic crystal."

"睡房根本不应放置火炉，它是有钱人奢华的累赘。唯一能与如此绝妙的亲密情感相映成辉的，是裹着你与爱侣的毛毯，以及周围彻骨的寒气。你们躺在那里，犹如一颗闪烁在北极冰核中的温暖火花。"

创业一句半

2015. 2

参加各路创业英桀的报告会,只见台前繁花似锦,指间代码迷离。正可谓,开窗猎艳喜赏景,闭门造车苦修行。

2016. 1

脱了过去,揉揉眼,伸伸腿,我的生命才刚开始。

2016. 4

Bill Campbell 走了,慈祥而默默无闻。他作为硅谷各路英雄的导师,从未出现在聚光灯下。我曾有幸聆听他的指导,被他的睿智与洞察力深深打动。他只讲了大约半个小时光景,我已然脱胎换骨。他就是用这样的神奇培养出了 Steve Jobs、Larry Page、和 Jeff Bezos。硅谷之所以伟大,正因为有众多崇高的人生导师,影响着一代又一代先行者。

2016. 9

这次骑车折腾爽了。先是三十多度的干热,差点儿脱水;然后是十几度的海风,冻得发抖;最后是大腿抽筋儿——大腿居然也能抽筋儿。我们就是折腾着才觉得有意义：不仅折腾肉体、折腾心灵，还要折腾别人。大家在一起折腾更爽，于是我们创业。

2015.10

生命可长可短，我更珍视它的重量。

椰子系列

2013. 10

一只椰子，滚啊滚，滚过了菠萝，滚过了荔枝，滚过了山川，滚过了大海。滚啊滚，滚过了老椰子，滚过了小椰子，滚过了相好的椰子，滚过了讨厌的椰子。还是一只椰子在默默的滚。

2013. 6

一天，椰子遇上茄子。茄子问：你是谁？椰子看茄子光滑，就说：我也是茄子。茄子没见过这么多毛的茄子，就和椰子一起过了好多年，直到椰子忘了自己是椰子，茄子忘了自己为什么喜欢椰子。

2013. 8

椰子毛多，总是齐刷刷贴在头皮上。唯一奇怪的是，每次见到苹果，椰毛儿们顿时慌慌张张树立起来。椰子也奈何不了这些毛崽子。所以苹果从未见过像丝般飘柔的椰子，一直觉得他和那个倒霉的仙人球没有本质区别。

仙人球的确很倒霉，他的毛儿打生下来就那么支棱着，没人敢接近。而且终身蹲在土里想心事，看似很无趣。不知道是因为他想太多才变成这幅样子，还是这幅样子的他不得不想很多。

仙人球最好的朋友是仙人掌。他俩最大的乐子是互相扎来扎去，然后瞅着对方狼狈而惬意的样子狂笑。苹果对他们的感到行为莫名奇妙，椰子却好像心领神会。

仙人掌到底是不是被扎瘪了的仙人球？这是邻里们经常津津乐道的、和他们自己毫无关系的议题。谁喜欢被别人揭短儿？还是讽刺两个倒霉蛋儿比较惬意。

2014.5

树问松果：你幸福嘛？松果说：幸福啊，我是被松鼠捧在手里吃的。树又问椰子：你呢？椰子说：不知道。我是被猴子砸碎了吃的。

2014.7

番石榴撕破喉咙喊："我恨汝等所有人！"便抡起刀。霎那间菠萝蜜、水蜜桃、哈密瓜、大蜜枣、红毛丹、榴莲、芒果、菠萝、荔枝、猴面包，齐刷刷被切两截。椰子震怒，便掷出一道闪光将番石榴劈死并将其灵魂放逐。

——水果忍者福音 1:5

2015. 3

椰子这个人,只爱做从零到一的事儿,不肯把100变成1000。他宁可无中生有,不愿锦上添花;宁可做耗子窝里的游击队长,不愿做国军头子的左膀右臂。人家都在规规矩矩种大米,他在后院嫁接烂柿子和老香椿。没钱赚、没名出,他咋天天不亦乐乎?椰子椰子,你真是无可救药。等我钱赚够喽把你砸了喂猪!

查无此人

2018.6

我知道有那么一个人，赢就赢了，输就输了，赚就赚了，赔就赔了。曾经一大把票子，后来做种鸡，赔了个底儿掉。后来打工又全挣回来了。病就病了，死就死了。从来没扫过墓。无爱无恨，无情无欲。从唱歌的到上学的到站街的，睡了不知多少位：有的是给钱的，有的是赚钱的，更多是不赔不赚的。他经常沏[10]北冰洋汽水儿，打一连串儿饱嗝儿。夏天的时候，他竟然一天能沏二十几瓶儿。他还是我们大院儿里撒尿距离最远、时间最长的记录保持者。有一次，有俩大学生在大街上撞见他，非拽着他要签名。丫一着急胳膊一挥，北冰洋溅了她们一脸。他啥爱好都没有，还经常跟人说自己爱读书（真是个自己放屁不嫌臭的主）。可咱还不能瞧不起人家：他是邻居孩子里面混的最潇洒的一位。我看他唯一的两个优点：一个是活儿大，一个是没心没肺。

---

[10] 发音 duī。大口喝水的意思。北京话。

查无彼人

2018. 6

今天想起一个高中女同学,曾经跟我同桌。她相貌平平,但气质出色。经常托着腮白日做梦,披肩发沿着耳垂滑下来,十分动人。我曾画了张她侧脸的素描,被哥们儿发现,从此被封"蛤蟆王",就是癞蛤蟆想吃天鹅肉的意思。真冤。

她学习甚好,直到高二时被男朋友甩了。她于是留了一辈子短发,读了一年的小说,因此没考上第一志愿,去了北工大。后来据说有个师兄想搞她,结果被她踢碎了睾丸。从此,北工大男生都绕着她走。

我在十多年后的一次同学聚会上见到她,她气质更出色了,身材特别好。现在叫我蛤蟆王才算恰如其分。那几年正是同学们家家鸡飞狗跳的时候,而她已经是二婚。据说她的前任老公出轨,离婚时他把大部分家产都赔给她了。她跟现任关系很好,有俩孩子,在聚会时还嬉皮笑脸地互相剥橘子皮,看得我直起鸡皮疙瘩。

我很欣赏她的两个优点:一是爱琢磨,知道男人想什么;二是外柔内刚,脚功尤其厉害。其实说白了,我就是想吃天鹅肉。

杂谈

漫谈一句半

2013. 7

傅雷说:"真正的艺术家…多半是在回想中和想象中过他的感情生活的。"这是普适的原则:现实是世俗和平庸的;唯有不多与现实纠结,心灵和创造力才有升华的空间。

2013. 7[11]

成功并不是家庭幸福、事业有成、实现愿望这些外在的事实。对我来说,成功只是一个人能够睿智地选择自己的梦想,而且一直在为梦想努力。无论这种追求是高尚的还是狭隘的,无论结果是喜是悲,哪怕一贫如洗,哪怕遍体鳞伤,只要没有遗憾的过去,只要没有停止追求,就是我所景仰的成功。

2013. 7

剑法与探戈。同样是你进我退的艺术,一个冷光铮铮,一个血色罗裙。现实与梦幻的纠结让剑道与舞池的差异不再清晰。为何要区分?浪漫的逍遥很好。

---

[11] 我对成功的进一步理解可见 杂谈 · 谈信仰系列 · 2014. 2。

2013. 8

被歌声迷住的奥德修斯船长无论怎样向往，也挣不出他的水手们为他系下的铁链。自虐似的矛盾与英雄的诞生，孰先孰后？

2013. 9

一开始太在乎，烧得通红。后来太不在乎，黯如死灰。经历几次往返，最后才学会不太在乎，恰到好处。

2013. 9

管理团队的要旨之一是同情心。几乎所有人事矛盾都可以通过深入理解对方的内心而迎刃而解。同情心也是成功企业的基石。然而，若将同情心施于一匹劣马，不仅徒劳无功，而且于己不利。所以，同情心的前提是精英团队。剔除劣马的果断容不得半点同情。

2013. 10[12]

同事问：聪明和智慧的区别是什么？依我看，聪明是跑的快，智慧是走的准。

---

[12] 我对智慧的其他解释可见 杂谈 · 谈信仰系列 · 2014. 2 以及 杂谈 · 谈读书系列 · 2015. 5。

聪明人无所作为，恐怕是因为没有方向感。他们跑了很多路，自觉成就非凡，却始终在同一个地方打转。成功的人很早就为自己制定明确的目标，并且始终延着一条直线走下去。哪怕比别人慢，这种日积月累的效果是惊人的。

我们身边的聪明人很多。只要大学能毕业就算是聪明。真正走直线的却很少。智慧是学来的。聪明人会因为聪明而忽略学习。

对聪明和智慧还有其他解释。我觉得都可以归结为眼光的长短。这种区别既表现在时间上。也表现在空间上。

2014. 5

"Prostitution was a common aspect of Ancient Greece... Solon is credited with having created state brothels with regulated prices... Simultaneously, extramarital relations with a free woman were severely dealt with. In the case of adultery, the cuckold had the legal right to kill the offender if caught in the act."

在我看来，古希腊的文明成就高于当代社会。在那里通奸非法而嫖娼合法，这与很多现代社会正好相反。这一差异也许对我们有一些启示。

附：古希腊的 hetairai，就像中国的青楼女、日本的艺妓、韩国的妓生，是受过良好甚至严格教育的高等舞女。她们在政治和文艺上对社会有不小的正面影响。她们对现在社会也有所启发。

再附：在古雅典，只有男人可以参政，而男妓是被排除在外的，因为"he who has sold his own body for the pleasure of others would not hesitate to sell the interests of the community as a whole."这句话说的太高了。

2014. 8

好学生解决问题。好员工发现问题。好领导平衡问题。创业者制造问题。有问题的人没问题。没问题的人才有问题。做问题的主人，当直面问题的勇士。人带着一堆问题出生，"why? why!"地大哭。临死前，不再提问是一个境界，不再迷惑是另一个境界。不过，两种境界都是死路一条。

2015. 6

前半辈子长得像茅，左攻右击不知该戳哪里。后半辈子变成了盾，遮来挡去不知在防什么。好大一副矛盾，临死也不知自己能否上天堂。

2015. 12

获得应有的权力是爱的基础。男生的权威需要认可，女生的撒娇需要奏效。上级的决策需要尊重，下级的空间需要强调。没有安全感，我哪来爱你的闲心？恐慌是利他的抑制剂——这是基因决定的。无私奉献燃烧的是认同感。暖手的同时，记得添柴呦！

谈信仰系列

2013. 10

大大出人意料，托尔斯泰竟在《安娜·卡列尼娜》中一五一十地描述了自己从不信教到信教的转变过程。这对我是个惊喜的收获，让我学习了这位巨人对信仰的领悟。另一个欣喜是我发现自己的思想发展与他颇为相似，虽然我远不及他在学习和思辨上的深度和广度。我与他不同的是，他最终以自然的（而非教条的）基督教作为信仰标准，而我目前十分赞同维克多·弗兰克的意义疗法理论（logotherapy）[13]。

肤浅的看，前者说的是通过追求上帝和真理而得到救赎，后者说的是通过追求超我的生命意义（will to meaning）而得到满足和生存的理由。虽然形式不同，我认为从信仰对心理的作用这个角度看，两者十分相似。在托尔斯泰的宗教分析中，有很多存在主义心理学（existential psychology）的影子[14]。

纵观其他一些宗教和哲学思想，我强烈感到它们对于"终极信仰"的看法十分一致，以至觉得不同教义之间的纷争并没有实际意义。我认为不同宗教的主要区别只是对理性问题（比如神的化身，物理现象，自然界）的不同诠释。这些问题是唯物和

---

[13] https://baike.baidu.com/item/意义治疗
[14] 托氏的作品出自19世纪。存在主义心理学创始于20世纪中。

辩证的。然而核心的东西,也就是那个超越理性的终极信仰,是一致的。就像托氏所说:"这个信仰是每个人生下来就明白的。"

引申下去,如果一种理论是纯唯物的、纯辩证的,那么这种理论则不能成为人们赖以生存的信仰。共产主义算是一种唯物的理论,还是信仰?

2014.7

有朋友问到我的信仰。我以前的帖子曾涉及到这个主题,今天想再讨论一下。我不怕朋友们笑我才疏学浅,才敢在这里信口雌黄。欢迎批评指正。

1. 信仰与宗教的关系

信仰是对某种事物缺乏科学依据的信任。宗教是信仰的具体表现形式。并非所有信仰都是宗教。我认为宗教与非宗教信仰的主要区别是:

I. 宗教承认超越自然的力量或智慧。

II. 宗教定义了成套的哲学体系,能够对大部分自然现象自圆其说。

III. 宗教规定教徒应遵守的社会规范和行为准则。

非宗教信仰并不具备以上这些特点。

信教不等于有信仰。很多民间宗教以及造化不高的信徒其实没有信仰。他们拥有的只是祈求运气的侥幸心理或者急功近利的实用主义而已。

2. 信仰的三个作用

并非所有信仰都值得追求。一个人应该追求的信仰一定对他的生命有积极作用。

信仰对一个人的核心作用是赋予生命的意义。也就是说,信仰应该可以解释"我为什么活着"这个问题。

除此之外,我认为信仰尤其是宗教的另外两个主要作用,一是提供对"宇宙如何工作"这个问题的解答[15],二是提供政治和国家统治的工具。由于本人认识有限,我就不在这里展开了。

3. 积极与消极的信仰

既然信仰解释"我为什么活着",它一定充满了个人色彩。因此信仰的多样性不足为奇。一个人可以大言不惭地将追求某种本

---

[15] 物理已很大程度上取代了宗教在这个方面的贡献。正因如此,一些现代宗教并不排斥自然科学,即便后者尚未承认超自然力。

能的需要作为信仰，声称他为金钱、消费、地位、权利、或生理欲望等等而存在。这样的信仰是消极的。

首先，具有超越本能的意识是人类区分于低等动物的重要标识。承认本能至上无异于将自己与禽兽划上等号。

其次，这样的信仰是危险的。一旦名利至上的人达到目的，他的生命意义便瞬间消失了。很多人都有这样的体验：当苦苦追求的人或物到手时，会感到莫名其妙的失落。

那么，积极的信仰有哪些特征？一，它应该是超越自我的。如果一个人活着仅是为了自己，他没有存在的必要。二，它应超越生命。若一个人在有生之年完成了全部梦想，他的余生便没有了意义。三，它应超越具体的人或物。若一个人的全部是为了另一个人，当这个人离开他时，他还如何继续存在？爱是伟大的，但停留在具象而没有升华的爱情宛如生命一样脆弱。

同时具备这三种特征的信仰才是永恒和经得起考验的。有神论的宗教满足这些特征，并且易于理解，因此被社会大众广泛接受。而对于无神论者，找到满足这三个条件的信仰则要颇费一番功夫。

以上这些原则是我在寻找信仰时使用的工具。与任何其他观点一样，这些原则随着阅历和知识的积累在逐渐变化着。具体谈到我自己的信仰，待下次有足够勇气与更清晰的思路时再整理成文吧。

2014.2

所谓命运，我认为是人生快乐的轨迹。凡人都可通过不断学习和领悟获得保持快乐的方法。因而命运人人皆可掌握。难就难在学习的过程很辛苦，而且这一过程与人的本性背道而驰。因此很多人放弃掌握自己的命运，变成宿命的受害者。

快乐，并不指高兴，而是指不以物喜不以己悲、心静如水的境界。这也不是指像啊Q一样的乐观宿命主义，而是用积极的心态和举措面对人生的困境。

学习，是不断获得睿智（wisdom）的过程[16]。佛法是一种睿智（"佛"字本指至高无上的智慧[17]），对上帝的领悟是一种睿智，无神论者的人生处事哲学是另一种睿智。他们殊途同归。无论走哪条路，只要我们能掌握自己的快乐轨迹，不受外界摆布，就是成功的人。

---

[16] 我对学习与智慧的更多理解可见 杂谈 · 谈读书系列 · 2015.5。

[17] 佛教在早期是无神的，因此依我的分类它属哲学而非宗教（哲学是宗教的超集）。后期的佛教则经历种种演变、迁徙、分化、以及与民间宗教的结合。很多佛教分支已为有神。正是这种可塑性使佛教在中国，无论是在民间还是统治与精英阶层中，广为流传。

谈读书系列

2014.1

看到曾国藩谈读书改变气质的帖子（扫二维码读原文），我有一点补充：精读经典固然可贵，但在现代社会中，泛读实践性书籍以及丰富的感官生活同样重要。原因如下：

1. 经典与新思维：在古代，信息传播异常缓慢。精髓思想的发展也颇受阻碍，因此导致经典书籍聊聊无几。现如今，丰富的信息交换导致思维飞速发展。在很多领域，近代的思维成果已经超越了古代经典的高度。

2. 经典与新知识：古代的知识体系浅薄，社会分工粗糙，尤以手工劳作为主。古人只要花上几年功夫读书就足够应付工作和撩妹的需要。而如今的机器和电脑取代了手工劳动，几乎所有领域都是知识工程。这些领域的发展实为新知识的积累。只要停下学习知识的脚步，很快会被淘汰。经典却无法提供新知识。

3. 经典与新娱乐：就像古典音乐不能满足大众需求一样，阅读经典书籍不再是高雅娱乐的唯一选择。汉族不是一个"活泼"的民族：不懂唱歌跳舞、不懂浪漫风情、不懂幽默、不懂运动。因此我们崇尚静止或缓慢的活动，比如写字、弹琴、观景、饮食、扯淡。读书是静止活动中的上品，因此汉人崇尚经典读物不足为奇。而同样在古代，希腊崇尚裸奔，欧洲崇尚征服。现如今，与读书一样高雅的娱乐更是五花八门，上天入地。

经典书籍在高层（比如哲学、社会学）仍有重要意义，但它们不足以指导在现代社会中的生活实践。读书可以提升我们的精神境界。我们同时也需要丰富的感官与肉体世界。多彩的生活和健壮的身躯同样是个人气质的一部分。

2015.3：并行学习法

话说曾国藩在朋友圈发帖，说学习只需要读经典文献。未寒本蛋有异议，认为在知识经济中，精典要读，流行更要读。尤其在当下，信息技术横扫一切产业。那些如鱼得水的，是把 Uber 模式摸透了的的哥，是把 Web 2.0 带进厨房的餐馆老板。像我们做 IT 的，更像冲浪运动员：不是冲时代的浪，就是被波涛打翻。唯有不断学习，才有冲浪的能力。

新知识犹如后浪推前浪。深度学习 IT 技术有两大挑战：一是选择学习方向，二是提高学习效率。第一个话题以后再议。我今天想聊一个提高学习效率的方法。本蛋才疏学浅，让那些搞教育、搞心理的大神们见笑了。

学一门 IT 技术，往往需要理解细节才能掌握真谛。若只停留在表面，则容易照猫画虎，错过精髓。然而纠结在于，若学习进度快，忘得也快（学霸请自觉拉黑我）；若学习进度慢，则赶不上发展。我总结的一个办法是，将若干不相关的技术穿插在一起学习。

比如，学习两种技术A与B各需三天。若先学A再学B，等到第七天时，A的细节恐怕已经在记忆中模糊不堪。虽然我们最终需要将细节消化成提纲挈领的高层知识，但这个过程需要时间。细节应该在记忆中彻底沉淀，而不是从记忆中消失。

为了加强记忆，我们可以放慢学习速度，将六天变成八天。然而若将A与B交替，即 A1, B1, A2, B2, A3, B3，则有可能事半功倍，然后用余下的两天把妹撩汉。两种以上的技术也可以如此交替。其实这种方法在小学和中学便广泛运用了。不过那会儿我们是被逼的，而且目的不同，效果也不同。

之所以能这样优化，我认为主要归结于很多 IT 技术"盘旋迭代"的特点，即下一章往往依赖于对前几章的理解：学习 A2 时会唤醒对 A1 的记忆。而 B1 的插入导致大脑在提取 A1 时需要额外做功，这在无形中起到了复习的效果。

这个所谓的"并行学习法"就是这么简单。不过做起来并不容易。难在干扰太多。

有一点补充：IT 是实践学科。只有将知识尽快转化成手指的运动，才是真正掌握了，才不是纸上谈兵。转化的办法之一是亲自完成一个小型项目，边做边学。我认识一些 IT 管理者和投资人，根本不需要写代码了，还在写，就是为了通过实践保持对前沿技术的理解和眼光。

2015.5：智慧、智商、读书

1. 智慧

人至少可以分为两种。第一种人的智慧来自经历。我们绝大多数人属于这类，个人经历与分析事物的能力共同决定了智慧：

智慧 = 经历 × 悟性

层次高的人，悟性高，智慧增长的便快。

我们上期的读书会分享了《江城》。作者何伟可谓智慧。我想就是因为他同时有非凡的阅历和悟性。

第二种人的智慧来自真空，无需经验学习的过程。这类人世间少有，能被大家熟知的更少。比如释迦牟尼。他们要么改变世界，要么被社会所遗弃。

也许还有第三类人。他们的智慧超越常人，但还算人。比如许多伟大的哲学家和文学家。他们的经历有多广？悟性有多高？

他们的智慧是否与经历和悟性成正比？我没调查过，不知道。或许他们也是第一类人，只是如《Outliers》所说，他们的成就是由智商或其他天赋与后天因素互相作用的结果？

2. 智商

智商只是悟性的一部分，因此无法与智慧划等号。而且高智商不能保证高悟性。

聪明的人学习成绩优秀，却往往无法顺利完成生命的问卷。

公司招聘，考察的应该是悟性，不仅是智商。

学校录取也应如此。不过悟性的标准十分个人化，无法大规模量化考察。相比之下，IQ 测试方便得多。

3. 读书

读书可以提高智慧。究其原因，我想是因为读书可以培养我们细心观察、缜密思考、不断自省的习惯。这些都是悟性的一部分。悟性是将阅历提炼成智慧的催化剂，无法独立工作。因此书籍对智慧的影响是间接的。

悟性与经历需要共同作用。正所谓学以致用，知行合一。

当然，书籍也提供了许多间接的经历。但在我看来，间接经历不算经历，只算知识。对于第一类人来说，观察一件事和亲身经历截然不同。只有后者才能升华为智慧。知识可以间接提高一个人的悟性，从而影响智慧。倘若一个人知识多得不成比例，反而会变成书呆子。

深入学习关于智慧的书，比如哲学或佛经，能让学者领略到智慧的风采。但如果没有阅历做背景，他们恐怕难以掌握智慧的精髓，并为己用，付诸实践。不过，我的层次不高，也没好好读过智慧的书籍，不敢乱讲。

谈创业的原动力

2014.6

我想聊一下每位创业者都曾想过的问题：为什么要创业。以下是我的答案。至于*什么是创业*，创业教父 Paul Graham 有很好的诠释[18]。

伟大的事业出自崇高的人生目标。有意义的人生应当超越个人功利。若仅为赚钱或名誉而谋事，就好比黑暗夜空没有北斗星，荆棘路上没有方向感，走不了多远。

现代媒体已将大众引入歧途：财富就在眼前，成功近在咫尺。一夜爆发的故事妇孺皆知，可谁又了解风光之前后的艰辛与痛苦呢？

等在创业者脚下的，往往是年复一年的牺牲、放弃、冒险、孤独、无助。成功者寥寥无几，失败者却有很多。他们的情况可以严重到倾家荡产、妻离子散、甚至抑郁自尽。这些磨难是创业者和媒体避而不谈的事，而这些恰是未来的创业者必须做好的心理准备。

---

[18] http://www.paulgraham.com/growth.html

试想，如果创业至终，分文未得，朋友皆尽，黑发全白，你会在清贫与焦虑的折磨下无怨无悔地继续奋斗么？毕竟，这是很现实的假设。记得我有一段艰难的日子，洗澡时发现自己的忽然掉了很多头发，只觉得脊背发凉，听不见水流的声音。当冷酷的现实不断质问你时，若没有一个光明的答案，你将如何对自己交代呢？

最重要的事，往往也是很难的事，莫过于明白自己想要什么。仅这一件事就可写下一本厚书、仅这一件事就值得每个人反复掂量。你若在自己的骨子里找不到对信仰和野心的强烈偏执，也许你并不适合创业。你若找到的更多是对经济回报的渴望，也许还有其他更轻松的选择。内心深处对理想的呼唤——也许早已写在你九岁时的那篇作文里——才是创业的真正原动力。

一旦选择创业，你便与乖戾与孤独画上了等号。能陪你走完全程的，只有理想。也正是那对理想的追求，让人们在生命的最后一刻，满意地合上眼。

读《包法利夫人》感

2014.7

本来不想为这本书写什么东西。一是本来早该读的书到现在才看，说来被人笑话；二是想法大多幼稚，讲出来捉襟见肘。不过，既然别人在微信上晒大腿，我晒晒幼稚倒也无妨。

读这部悲剧好像比读一般的悲剧还要压抑。这恐怕与福楼拜的悲观主义有关。戏中的主要角色没有一位值得亲近。他们要么贪、要么淫、要么呆、要么贱。一个个都是不可救药的木桶。大众对女主角"挑战男权的英雄"的这个称谓，我亦不以为然，至少这一称谓在一百五十年后的今天已不那么重要。我赞同社会学家布迪厄的分析：他"在福楼拜的作品中看到的是对任何终结道德意义的拒绝，他拒绝建造金字塔，拒绝那种向某一个思想信念和结论的攀升集中[19]。"

我在网上搜到的很多中文评论，不是说福楼拜在批判社会，就是说他在批判阶级，要么说他在批判"修道院教育和消极浪漫主义文学[20]。"我看这些帽子都高了。这也难怪，因为我们学校的语文考试题里，只有以"批判"做开头的选项。我认为《包法

---

[19] http://wenku.baidu.com/view/8767dc3f0912a21614792901.html
[20] http://www.xiexingcun.com/Yilin/yilin/content/ylin20080219.html

利夫人》重点展示的是人性。社会则是衬托人性的舞台。它也并非简单地批判或者歌颂某种人性，而是对平庸生活和复杂性格的精彩描绘。这不就是现实主义么？

世界是复杂的，优秀的文艺作品应反映这一特性。没有什么艺术作品能够完整展现人类社会的内在复杂。引用作者的原话："人类的话语就像一只裂了缝的蹩脚乐器，我们鼓捣出些旋律想感动天上的星星，却落得只能逗狗熊跳跳舞。"而我们作为读者，就像盲人摸象，凭借自己贫乏的阅历和认知，为读过的每篇作品加上更片面和蹩脚的个人诠释。文艺评论亦如此。

《包法利夫人》就像一条河，弯弯曲曲地从一座山上流下来。这座山叫爱情，中间坐落着医学、农业、经济、政治等一些岩石。这条河十分精致，却不宽阔。这是我的感觉。那精致是福楼拜的文采。他是公认的语言大师。遗憾的是我不懂法语，无法详尽体会这种精致。而且我读的是周克希的翻译，我不是很推荐。李健吾的版本应该更好。

作者经常在叙事中猛地插入一段与情节或人物心理毫无关系的对景物的描写。这些段落经常打乱我对上下文的感受。这是我对他风格的主要不满。别人也批评这种"无意义"，还叫它"福楼拜问题[21]。"

---

[21] http://wenku.baidu.com/view/8767dc3f0912a21614792901.html

相比之下，《安娜·卡列尼娜》就像条磅礴的河，曲曲弯弯经过很多高山，还在大浪咆哮中卷走不少泥沙，在地面上留下了凿实的痕迹。

评龙应台在台大的讲演

2014.7

我转过一篇龙应台的讲演（扫二维码读原文）。此帖是对它的评注。首先我要点个赞：这样精辟的演讲并不多见，值得收藏。虽然演讲是针对从政学生的，但治国、齐家、修身的道理相通。以下是我对文中几个观点的异义。一家之言，褒贬由你。

经济差异与廉政

龙先生提到在经济发达的社会中，执政者难以禅让或保持高尚的节操，并引用了韩非子的话[22]。但我认为经济条件和执政道德没有直接关系。无论在任何环境，优秀的领导人都可以保持廉洁的作风。古今中外有不少这样的例子。他们特意维持朴素生活，并被后人所敬仰。

---

[22] 原文是"是以人之于让也，轻辞古之天子，难去今之县令者，薄厚之实异也。"

然而，这样的人毕竟是少数。如今的大部分领导者的确享受着较高的俸禄和生活水平。但这一定导致韩非子所说的"难去今之县令"么？我看并非如此。

在远古，原始群居人类的男性首领有着至高无上的优先权：猎物身上最优的部位他首先食用，部落中最漂亮和健壮的女性由他优先交配。他虽然没有现代社会的物质条件，这样的待遇已经十分优厚。他一定会遭人妒嫉，一定"难去"么？

非也。在享受权力的同时，他有保护部落的重要职责：在与猛兽的搏斗中他要打头阵；在穿越沼泽地时他要走在队首探路；他是在危险情况下牺牲的第一号人选。

因此，首领的回报与付出是公平的。正因为这样的公平，没有谁在部落中会为自己做不成首领而愤愤不平（即使有，他们对权力的挑衅也会招致被同伴们驱逐的命运）。大自然已将这种对公平的直觉深深植入了我们的基因。

在现代社会中的我们，对有钱有势的家伙们抱有强烈地妒嫉心，也是这种对公平的直觉所致。引用作家 Simon Sinek 的观点：我们并非嫉妒他们的钱势，而是因为他们在拥有权势的同时自私自利、不履行保护社会的职责而感到深深的不公。对于一位深受尊敬的领导者或企业家，我们是不会计较她的高薪的。

因此"难去县令"与经济差异无关。这一现象、以及大众对执政者的嫉妒心态，是由于回报与付出的不平衡所导致。若叫县令们天天去做尧舜曾经的苦力，哪怕只是天天为老百姓向上申冤，叫他们主动摘去乌纱帽应该不是难事。

人文知识与人文素养

龙先生在"会弹钢琴的刽子手"一节中提到外在的人文知识无法弥补内在的人文素养的缺失。而在我看来，所谓的"人文素养"和"以人为本"指的是一个人的世界观，与如何待人接物的关系并不大。世界观是更高一个层次的概念，不应同日而语。

她举的纳粹例子，现代心理学也有研究，其结论是人性能够在高压政治环境中轻易扭曲。因此对于许多"非人性"的案例，我们不应只停留在当事人是否以人为本的层面。

关于重复前人的观点

龙先生曾为一则高见而自诩。之后她发现前人早已发表过这一见解，进而深感惭愧。我看大可不必惭愧。学习他人的成果和抒发自己的主张应当齐头并进才对。若待一切都读完了，只有入土以后才有为社会谋福利的机会。

更何况，同一个观点，在不同的社会环境下、面对不同的听众、或配合不同的上下文，总有新的象征和意义。哪怕面对同一位听众,也要把一件事用不同形式在不同场合重复五遍,他才会印象深刻。

只要一生不断学习,就无需惭愧。

论沐浴

2014.8

一

冲澡的乐趣不仅在洗却污秽后的一身香爽,更在于其间的过程。

在沐帘后或宽松或狭窄的空间里,只有我行我素的躯体、思想、和鬼哭狼嚎。这是一个脱离社会的绝佳时机。连内衣的束缚都没有了。

你可以尽情甩动那平时不争气的头发,或者闭着眼睛直着腿使劲儿撒尿,或者迎着喷头骂街,或者摩挲着日益凸起的肚腩,幻想着可望不可及的爱抚。

等你爽够了,只要关上水闸,拨开沐帘,便回到大半为别人活着的空间。哦,还要披件人模狗样的睡袍。(我不喜欢贴身,经常在出浴后仍保持自然状态,遭尽媳妇儿的唾弃。)

二

水的引力是巨大的。多少人在面对大海、大河、大湖时定了神，忘了北。人对水的眷恋仿佛是被上帝刻意创造出来的，就像那些没头脑的飞蛾对光的向往。

小孩爱玩水和水里的玩具。等他们学会了洗澡，自己就变成了大玩具，尽情地与水流互动：他们或截断从肚皮上反弹起来的雨点，或将沿着小鸡儿冲下来的水柱对准下水道。

长大了，除了偶尔玩玩儿时的把戏，更多则是享受身体的快感。细细麻麻的水柱打在皮肤上煞是舒服，胜过按摩。在水压比较大的地区效果更佳。

被水打上的皮肤首先接受一阵捶打，然后被温热的薄绸轻轻扫过，热量随之沁入骨髓。当水柱偶尔碰到不经意的敏感部位时，心里还会美美地小颤，庆幸自己的感官尚未退化到行尸走肉的地步。

我想若是女生，用手掌涂抹沐浴露的感觉应该更惬意：在双手欣赏光滑曲线的同时，肌肤也因深深的自怜而容光焕发。男生没这福份，摸到的无非是胡子渣和硬骨头，只有将泡沫匆匆冲净了事。

三

因此男生若在洗澡时凝神屏气丢了神，多半是因为想到生计，或是偶然续上之前的一条思路，或是联想到那天邂逅之后会如何如何。无论怎样，这种走神没有外来的干扰，是放松和惬意的。我因此养成了一洗澡准走神的习惯。一如既往的走神，让我的精神世界收获颇丰。

我经常留意时刻，但很少在洗澡上计较时间，甚至因此误过事。但我实在无法抵抗返璞归真的感觉。

这些只是淋浴的乐趣。要说起泡澡，就更加其乐无穷了。

程序猿，你该进化了

2018. 6

你是一群与机器耳鬓厮磨的物种。你虽自称猿类，实却自命不凡。硅谷是你的圣地，猿的图腾在那里四处耸立。

十几年前的你，还是一群格格不入的怪胎。你如今的势力已经渗入了人类的毛孔：无影无形，无所不在。

你以前的一个疏忽，摧毁的顶多是电脑数据。而今天，你能轻易曝光别人的隐私。明天，你能毁灭的也许是别人的性命。

责任大了，关系就复杂了。花果山时代结束了。你也该进化了。

Facebook 不经意间成了政治操纵者的凶器。Microsoft 的聊天机器人在24小时内进化成了仇恨和种族歧视的布道者[23]。好在几位明智的程序猿及时阻止了 Google 的 Maven 计划，否则 AI 会更早地沦为杀人工具。

无论你是否愿意承认，程序猿已经成为商业和政治前沿的重要力量。无论你是否愿意承担，社会正在赋予你越来越大的责

---

[23] https://techcrunch.com/2016/03/24/microsoft-silences-its-new-a-i-bot-tay-after-twitter-users-teach-it-racism/

任。你也许会说:"这些责任是师傅的。"然而,拿着金箍棒的是你。师傅只负责喊:"悟空,救命!"

提到 AI,它是你的圣杯,也是未来最大的祸害。你有没有想过 Tesla 和 Uber 撞死人,该谁负责?你有没有想过智能武器如何避免伤害无辜以及被坏人利用?当人类只能通过 AI 保护自己免遭其他 AI 的侵害时,如何防止黑客入侵?一旦未来技术超出我们的控制能力,后果不堪设想。在我看来,这个假设其实离现实不远,而且越来越近了。

孙悟空多亏有个紧箍咒,否则下场只有自取灭亡。因此强有力的政府监管和舆论监督可能是解决方法之一。

只可惜紧箍咒不够用,政府力不从心,一些猴子们越来越猖獗。比如说区块链:人家研究共识,将近二十余年才发明出一个算法,你搞了两年不到就上线。新算法写了一大堆,没有一个经过理论验证。安全漏洞数不胜数,黑客一搞就是几个亿。这些教训还不足以为戒?据说 EOS 每12小时就发布一次代码,不经过安全审计上主链。

还有谁比这更原始,还有谁比这更不负责任?

如来佛祖没有请假。只是你没不看到他的存在罢了。

顽皮的时代结束了。这个时代需要一个超越技术的你，一个关心社会的你，一个爱护花草和小朋友的你。快捡起金箍棒、披上黄金甲。世上还有很多妖怪等你去打。

杂小说

枪的没落与唤醒的男生

2014.7

他如枯木般瘫坐在沙发上，直勾勾地盯着在一缕阳光中飞舞的浮尘。思绪像一堆散在地上的毛衣针，无论捡起哪一根都那么没逻辑。昨天盯住的那几张伪善的丑脸、洁白的天使和百合花、愤怒的拳头和手枪、鲜血。从太阳穴流出的血、热呼呼地淌到下巴，一滴滴砸在胸口上，惨白的枯木。为什么呆在这里，下一刻该做什么，他不知道。

一只苍蝇切断了他的目光。他吃力地撑着站起来，飘到餐桌前。他拿起一只杯子，又放下。嘴里的湿润让他意识到自己喝了口水。他踱到冰箱前，呼地拽开门，看着眼前完全不熟悉的瓶瓶罐罐，忘记了为什么要开冰箱。随着冰箱门徐徐合上，他眼前又出现了争吵、讥笑、报复、死亡。直到一切融入到灰色的背影中，他才意识到自己已经面对一堵墙站了许久。

"叮"的一声门响。眼前是一位瘦瘦的男生，穿着T恤，带着眼镜。他请他进了屋。这人还没把电脑包挂稳，就已经靠在冰箱上说起话来："哎，我是只蚂蚁。可你能说我不幸福么？我的工作的确很无聊，不过我收入很高，还有股份啊。每天晚上打打游戏上上网，几年以后就能买部好车供栋好房子了。人活着图个啥，不就是个乐子嘛。你喜欢看球吗？做饭？女人？下棋？还能把你闷死？你别再扯那些蛋。活着，就是为了挣钱养家！"

他转过头去，没有搭话。他瞥见对面的镜子里，有个弓着腰、脸色铁青的自己。白色的冰箱也在镜子里——唯独没有那位男生！

一股强烈的寒气从他的脊柱一直顶到脚跟。他摘下眼镜，使劲揉了揉眼睛。除了穿着T恤的自己，镜子里没有别人。

儿子

2016. 2

他出生后的第一分钟便睁开了眼,第一天学会了吃奶。到第四天傍晚, 妈妈因为产褥热过世了。

他和玩具熊一起过了很多年。每天晚上都是它陪他睡觉,他给它讲故事。直到有一天它老死了,他流泪把它埋了。那年他七岁半。

他经常站在黑暗处偷窥邻居吃晚饭,看一家人围坐在桔光下,有说有笑地拌着热汤面。他有一次趁邻居不在家遛了进去,坐在空空如也的饭桌前,闭着眼睛,假装拿起碗筷,努力模仿起邻居家儿子的动作和神态。

有一天晚上他梦到了妈妈,就是第一次吮着妈妈的奶头,侧眼盯着她的酒窝的情景。他笑醒了,旋即体验到了有生以来最严重的悲哀。第二天他失踪了。

一周之后,他被公安局通缉。他杀害了一名无辜的女子。带着那女孩的酒窝,他变成一只巨大的鸟,远走高飞。

手机

2015. 7

一

酒瓶七零八落撒了一地。屋里弥漫着浓重的酒气。一阵阵呕吐物的酸臭味,从厕所那边飘来混杂其中。

他吃力地靠墙撑起来,终于站稳。他的左手汗涔涔地抵在桌角,胳膊扭曲地承担着上身重量;右手如枯枝一般,盘着一只玻璃杯。琥珀色的威士忌在杯中瑟瑟发抖。

天旋地转。他扭过头,用散乱的目光扫着桌上白花花的东西。那是今天早上秘书送来的财务审计报告。也许是昨天晚上送来的,他不记得了。不管怎样,他期待的审判日终于到了。

过了很久,他的目光离开书桌,与挂钟相遇。"到时候了。"他轻笑一声。这个场景在他头脑中曾出现过太多次了。每次出现,都是噩梦结束的时刻,是他感到幸福的时刻。

他仿佛想起了什么,下意识地去摸裤兜里的手机。玻璃杯像羽毛一样落在地上,无声地碎了。

"还有谁啊。"他苦笑一声。狐朋狗友们，要么逃了，要么被抓了，要么出卖了他。即使这些都不是，他也不会在这个时候联系他们。

在秘书上门之前，他已经写好了五封遗书。一封给他妻子，一封给他初恋，一封给他父亲，一封给他儿子，一封给他下属。还有一封，算不上遗书，更像忏悔录，写给检察院院长。这些书信不仅字体秀丽，而且文笔尚佳。后来这些人在读遗嘱时，竟不谋而合地希望他来世成为作家。

他忽然想起一个人，于是拔出手机、解了锁。在拨号之前，他不自觉地刷了一下朋友圈。看了半天，他只觉得整个屏幕在旋转。一阵恶心后，又一股黄色的胃液喷在地上。

电话中传出他的母亲无动于衷的声音："您好，请留言。我将尽快回复，谢谢。"他踌躇半天，一句话也说不出。眼泪已经在写遗书时悄悄流干了。他呜咽了几声，挂断了电话。手机被扔在桌上。心像石头一样沉了下去。他毅然抓起了弹簧刀。

这举刀的情景曾在脑海中多次出现：刀刃仿佛一片含情脉脉的小舟，邀请他去安宁的彼岸。可现实的刀光却格外狰狞。他打了个寒战，酒醒了一半。

他双手握刀，胳膊向前伸，举到眉心的高度。刀尖哆哆嗦嗦，指向左胸。

"妈的！勇敢一点，笨蛋！"

他猛地用手掌抵住刀柄。刀尖笨拙地从肋骨间穿过，停在胸腔深处。

他并没感到痛，只觉得上身一阵酥麻。几秒钟后，心脏像一颗石头一样紧紧蜷缩起来，紧得让他弓成一个团；然后又猛地散开，让他不由吸了一口气。他听到肺泡破裂的声音。

他感到疼痛。一股血腥味冲入鼻腔和喉咙。他不由张开了嘴。双目圆睁，看不见景物，只看到无数只四处乱撞的金色蝌蚪。脑袋非常痛。又一股血腥涌上来。完全堵住了鼻子和嘴。

他非常窒息，右手在脖子上掐出了血印。

从手掌和脚掌开始，四肢像无数只燕子一样，纷纷离开他的身体飞舞起来，又飞回来将他团团围住。

他的躯干在融化，黑色的燕子越来越多。剩下的躯体渐渐升腾起来。

燕子飞远了，只剩下一团灰色的大脑悬浮在无际的白色。

发光的母亲站在远处，对他微微一笑，便消失在影影绰绰的人群中。他看到了一座高耸入云的琉璃山，然后就沉浸到无尽的黑暗中去了。

二

她的卧室整整齐齐。床上平铺着一套蕾丝内衣和吊带长裙。她端坐在梳妆台前，头发湿漉漉的，脸色苍白，抬手画着淡紫色的眼影。

手机震了一下。她像触电似的扔下眼影刷，夺过手机。屏幕上的微信提示："已经说过很多遍了，我有事出不来。对不起。"她愤愤地把自己摔到床上。

她是下了死心的。于是在皱了一会儿眉头之后，她挺起身，抓起手机写道："今天我穿了你最喜欢的那一套。无论你来不来，这是最后一次了。"她从嘴角挤出一丝冷笑，回到梳妆台继续上妆。白皙的胸脯倔强地支着。

从发给他的第一条短信直到最后的结局，她已经编排好了所有的情节。可这出戏一开场就让她倍感挫折。

手机又震了一下。她迅速夺过它。她猛地站起，又猛地坐下。肩膀耷拉着，胸口剧烈起伏。她缓缓放下手机，又轻轻拾起发卡。她再也抑制不住，将发卡朝镜子狠狠砸去，双臂扑到桌面上，闷头哭了起来。

她先是低声抽泣，然后嚎啕大哭，最后变成了嚎叫，最后还加入了东西摔落和破碎的声音。尖厉的噪音吓得窗外的蟋蟀都闭了嘴。

过了许久，蟋蟀终于小心翼翼地恢复了吟唱。她从一摊杂乱的黑发中抬起头。美丽的脸丑得变了形，年轻的眼中充满了仇恨。她用大拇指慢慢敲下最后一行微信，然后关掉了手机。

在接下来的几分钟里，她反复想象着这样的情景：他破门而入，看到尸首大惊失色。他绝望地抱着她、顿足捶胸、悲痛欲绝、呼天抢地。总之他要痛苦到咳血或者晕厥。他将在悔恨、自责、和被唾弃中度过余生。

她一边心满意足地联想，一边换上了那套裙子。

她搬来一把安乐椅靠在浴缸旁边。她坐在那里，左手搭在浴缸边缘，右手捏着刀片，迅速地在手腕上划了一下。温热的血涌出来，沿着指间如小溪般流下。她觉得有些疼，又觉得好玩，于是举起手臂慢慢移动，在浴缸中画出一个红色的心形。

那些红色慢慢失去了形状，向下水口聚拢。只有源自手臂的那支血还在清晰地涌着。她的两臂发麻，心有些慌。她在渐强的喘息声中闪过一个念头："我才二十五岁，值么？"不过，这个念头很快就被复仇的呐喊声淹没了。

十余分钟后，浴缸中旧的红色变得很暗，与仍是鲜红的那一股形成鲜明对比。她浑身冒着汗，手脚冷得刺骨。她拽来周围所有的毛巾和浴巾披在身上，还是瑟瑟发抖。她闭着眼睛，紧咬牙关，让英雄主义从牙缝中进出来，驱散不断袭来的恐惧。

她口渴难耐，却不敢动弹。全身不可竭止地剧烈颤抖着。所有肌肉为了抵抗这种抖动，都紧绷起来，像石头一样僵硬。因为抽搐，她的呼吸无比困难。在极端的寒冷和痉挛中，她的意志被粉碎了。她害怕极了，睁开眼睛，只见一片模糊的紫色。

她一挺身，从椅子上滚下来，扑到地面。地板逐渐向后倾斜，在她身后变成了漆黑的无底洞。她的身体正在被拖向那里。她的双手紧抠着地板，下半身已经被地狱的引力拉成了长长的一条线。"我要活，我要活！"她在沉重的喘息中艰难地呼唤着。

她用尽全力往外爬，却只觉得自己向下滑去。地板已经变成直立的墙壁。只要一松手，她就会永远掉下去。她像壁虎一样紧贴在那里，全身痉挛，意识模糊，泪流满面，无声地重复着："妈妈，救我… 妈妈，快来… 妈妈…"

她的寒战渐渐减弱了，也不再感到冷。她想起她是多么的恨他，一辈子恨他！她的视线忽然变清晰，许多往事像无声电影一样迅速掠过。她竟然看到父亲，父亲抱着八个月大的自己——虽然她从未在现实中见过父亲。

这些往事让她觉得好温暖,惬意得连心脏都发烫了。炙热的太阳烘烤着她的全身。她兴奋地燃烧起来,在一片光明中呼出了最后一口气。

三

早晨八点的旧金山，冷风犀利，雾气昭昭。横跨在闹市与青山间的金门大桥被低沉而快速移动的白霭阉去了标志性的两根斜拉桥柱。大桥无精打采地趴在海面上。

在桥面正中央的人行道上，聚集了一大群人。进城上班的车流也在那里减速。司机们伸长脖子观望，只看见一对对丰满或无趣的屁股。围观者们的正面则是一张张关切或焦急的脸。

事件的焦点是一个瘦小的身影。他看上去只有十几岁，站在桥栏杆外面的铁梁上，用胳膊挽着钢索。他埋着头，一动不动，仿佛在忏悔。一旦松开胳膊，他就会像麦秸一样从67米高的桥面坠到海里。所有人都远远地站着，没人敢上前交涉。

我，就这样低头盯着脚面，害怕别人看到我的脸。腿有点麻，脑子很乱。我早就该离开了。我的来去与这个世界无关。没有人关心我。所有人都是可悲的伪君子。为什么他们还能这样兴高采烈的活着？为什么只有我想从这儿跳下去？

我不是一样的可悲么。我生下来就被人讨厌。我一无是处。连亲妈都不要我！Peter 骂得对，我就是一个连女朋友都找不到的丑八怪。连 Marilyn 都说我没男人味！我恨她！不，是我首先恨自己，然后才是恨她。

无所谓了，这个讨厌所有人和被所有人讨厌的人马上就要消失了。我会如何消失呢？是被水溺死，还是被水的阻力砸死？是头先着水么？唉，别想这些无用的细节了。只有最失败和最听老师话的处男才会琢磨这些垃圾。

Peter 他们早该砸烂那些仪器！我只有停止实验，才能意识到自己的生命是多么没有意义！我还打破了 Peter 的头。其实应该感谢他们才对。

为什么我是黄皮肤？还一定要请 Kirsty 去毕业舞会？Kirsty 怎么可能允许一个亚洲书呆子去碰她？连中国来的方娟都讨厌我。唉，那天的事太丢人了。Kirsty，我的金发天使，我永远的爱人，吻你！再见了！我会把你每一抹笑容带到天堂，伏在你温暖的乳房里安息。

想到这儿，他悲伤到了极点。他既不希望 Kirsty 听到他的消息后悲恸欲绝，更不希望她无动于衷。她一定会无动于衷的。本来寄托在 Kirsty 身上的唯一一点儿意义，也将被证明是没有意义的。

他自己活着并没有意义，可其他人的意义又在哪里？他一直不得其解，并为之苦恼。人的意义只是为了培育后代么？可后代的意义还是培育后代。如果意义的结果是意义本身，它就没有存在的必要。即使是有必要的，在结婚生子之后，人们为什么还要继续活着，而且很多人活得并不幸福，就像他爸妈一样？

他的很多童年时光也是在这种悲观、孤独、和混沌的反思中度过的。他始终缺乏的是几本好书，或者一位启蒙老师。可是，这样的要求对他可怜的父亲来说，似乎有些过分。

他也想到了父亲。他觉得自己这样离开，对父亲是一种解脱。至少他不会再为大学学费而唉声叹气，也可以用省下的钱买酒和还贷。他始终不明白父亲为什么要千里迢迢从中国跑到这里，然后过着猪狗不如的生活。连母亲都跑了。

他的手机铃声中断了他的思绪。身后的人群一阵骚动，有人在悄悄靠近。他用冷得发木的手掏出手机。是父亲打来的。他迟疑了一下，将手机静音了。在生命的最后一刻，他不想与他对话。

他本想把手机扔下桥，但手机正巧弹出一条消息。父亲留下了电话录音。他愣了很久，终于鼓起勇气接听。

父亲显然喝多了，用沙哑的声音说：

"你这个小兔崽子又跑哪儿去了！"

停了片刻，又含糊地说：

"儿子，你妈来信了…说下礼拜要来看你…"

他愣了几秒，一撇嘴，忽然大哭起来。他几年都没这么痛快地哭过了。

哭到酣时，他只觉得衣服一紧、天旋地转、屁股重重地摔在了水泥地上。这是一个身材魁梧的黑人，一个箭步冲上去，把他像小鸡儿一样拎了回来。黑人抓着他的肩膀，边摇晃边扇动着厚嘴唇喊：

"Yo! Yo! Yo! Man up, bro! You are stupid, bro! You are stupid! Oh-my-god you scared my pants off! I almost fell out of bridge! You scared everyone's pants off!

"Hey! don't push me, loser! I'm having a serious conversation with this young man! Don't you see?!"

两位警察费了很大劲儿才让这位黑人平静下来。

他仰在人行道上，对警察的问话和拍打置若罔闻。他忽然意识到，哪怕母亲说十年后再见，他也会等。那些关于生命的思索，忽然失去了意义。对母亲细若游丝般的寄托，竟能轻易地托起他生的希望。他只想飞奔回家，狂吻父亲的额头。

此时的浓雾已散尽，两根擎天柱雄赳赳气昂昂地撑起了整个金门大桥的生机。

李新国在硅谷

2014. 6 - 8

一

李新国，男，1983年出生于连云港。父母曾是江苏兵团的知青，后在当地落户。他高考时不负众望，上了北华大学电脑系。后来他被保送研究生。但像很多同学一样，他中途退学，去了鸟不拉屎的美国深造。两年后，赶上二零零八年经济危机。因为找不到工作，只好拿了两张硕士文凭。

李新国的第一份工作在Macrohard。他拿着录取通知书高兴得蹦高，结果新西服变成开裆裤。

李新国的第二份工作在Goobook。于是他穿着T恤提着拖鞋搬到硅谷。

他和三个男的挤在一栋连体别墅。他们四个全在公司解决就餐问题，所以房子虽挤却也清闲。朋友们全是同事，周末要么打牌芭比Q，要么顶着烈日爬黄土坡。他白天去踢球，晚上便在硬盘里幽会。

与李新国幽会的也不只是日本人。想当年他在北华BBS当斑竹的时候泡过几个学妹，还在北京旧西方死磕英语时跟一位学姐约过会。因为在硅谷找不到女朋友,他曾想过搬到洛杉矶。但他实在放不下当前的铁饭碗。

旧西方的学姐挺给力,去了东海岸读经济。她几年后在微信上找到了李新国,很快在教堂跟他结了婚。李新国那阵在打游戏,在神父面前还揣着手机。

学姐一开始不愿意放弃华尔街,最终还是妥协了。李新国终于搬出少林寺,入住只属于两个人的小屋。半夜终于可以放声高歌了。

二

学姐的婚礼和毕业仪式几乎在同一个礼拜发生。她刚在东海岸裹着黑袍拥抱了教授,就飞到了西海岸拖着白裙嫁给了老公。之后的几个礼拜,她半夜经常被李新国的呼噜声惊醒,琢磨半天自己究竟在哪里,然后微笑着抱着他的胳膊闻着山景城四月的花香继续睡过去。

拿着OPT签证的她,居然半年没找到工作。于是呆在家里炒股做饭,倒也自在。她通过老公认识的几个新朋友,都是搞IT的。他们都是头一次听说在硅谷也能找不到工作。

李新国基本工资十二万五。加上零七八碎大约十六万。小两口每月的房租和生活费也就两千出头,所以比较宽松。他们经常开车去三番或者洛杉矶去兜风。吃腻了Goobook工作餐的李新国,最向往的就是洛杉矶的唐人街。

在同事的怂恿下,他们和一帮伙伴去了红杉公园。这是小两口第一次住帐篷。宅男李新国一开始不愿意,去了就数他玩儿的欢。因为没有带齐用具,从公园回来学姐就怀孕了。

八个月以后,李新国才反应过来,开始苦恼开始慌。起先他觉得老婆只是生理上有变化,自己忍忍就算了;后来发现她在心理上也把他冷落了。除了孩子，她几乎啥都不关心了：天天在亚马逊购物，还差点成了文学城育儿版的版主。

在大肚子里踢来动去的那个家伙，也让李新国产生了隐隐的恐慌，好像有什么重大而难以明状的事情就要来临。一向大大咧咧的他，感觉人生第一次找不着北。不过他在老婆的指导下每天做饭烧汤，幸福感多少冲淡了对未来的恐惧。

学姐给李家添了个大孙子。她身体不错，再加上一直很注意调养，因此产后恢复很快。虽得过产前忧郁症，但总能将忧伤化成在文学城上洋洋洒洒的数千字。人家毕竟是博士。

李新国把妈妈从国内接了过来，还请了位台湾月嫂。每天白天，月嫂做家务、妈妈带孩子；晚上的时候，老婆和妈妈带孩子、李新国睡客厅。他偶尔睡眼惺忪地去热奶或修那个难用的吸奶器。

后来学姐悄悄和李新国说，因为妈妈晚上睡不好，建议她到客厅睡。

再后来李新国发现妈妈一个人坐在那儿用手绢擦眼角。

再后来李新国开始在公寓楼外面抽烟。

再后来Facebook上市了，房价上涨。

最后来，李新国把烟屁股扔到地上，用脚后跟使劲碾了碾，下决心无论房价多高，也要买个大点的房子了。

三

李新国咬牙在Cupertino买了套学区房。那里中国人多，吃饭买菜不愁。不像某些傻冒儿装大款，非住Palo Alto。不说生活单调得很，连去买根韩国榨菜都要开半个小时的车。

有房有妻有娃，钱也不少挣，李新国已经是被不少硅谷屌丝男女嫉妒的对象。可他兴高采烈地入住新房后不久，就在称心如意的生活中体会到一丝从未有过的失落。这对感情并不丰富甚至有些木讷的李新国来说，可是新鲜事。

他这辈子的经历可谓白开水，实在无可圈可点之处。他凭着理性的头脑分析来分析去，结论是这种失落的根源，来自自己那条平滑得犹如渐近线一般的生活轨迹，毫无波澜、毫无悬念地向生命终点靠拢。

每个男人的心里都有一颗冒险的种子，一旦遇上适当的环境，就会生根发芽。李新国也不例外。在他加入Goobook的第二年，也就是结婚前的那一年，他的种子小小地萌发了一回。

他那时负责一个软件模块的开发，能力颇受经理的赏识。经理是位白胖的台湾人，一天走到李新国的桌子对角，鼓肚皮顶着机箱，微笑着问他想不想负责一个跨模块消息总线的项目，还请他吃了公司的免费日本拉面。

李新国没多想就接了。后来回家一琢磨，这可是个不错的机会！它会直接影响到公司销售业绩，而且需要协调好几个开发组。若能把这事儿搞定，贡献不可估量。第二天他跟几个要好的哥们儿说了。他们踢了他的屁股还逼他请了顿饭。

最终他还是把这事儿搞砸了。他看不惯旧系统的设计，于是一上来就雄心勃勃地开始重写代码，还把一千多个旧系统的bug记录统统删掉了。他俨然是位拯救软件行业的大无畏革命英雄！

他写代码的能力强，闭门造车，连夜赶工，不到一个月就把新系统写完了。可问题是没有开发组愿意吃第一口螃蟹，更何况新旧系统完全不兼容。结果一个新来的工程师接手了他的项目；李新国被调去了另一个组。

他连续愤恨了一个半月。之后便淡忘了这件事，只剩下心底下一道不显眼的疤。一切恢复了老样子：八点半起床，八点到家。午饭和晚饭在公司解决。晚上跟硬盘谈恋爱。直到收到师姐的微信。

于是很快有了家。加上之前的教训，他在事业上的那棵冒险种子早被无名鸟叼走了。说实话，即使那个项目作成了，凭着中国工程师特有的生硬和单纯，他在Goobook这样的大公司能爬多高？

无论如何，他现在正在为自己过于明确的生命线感到无奈。当他刷尽了微信朋友圈，或者打完了一把游戏，或者从老婆的睡房出来时，想一想在大学时的书生意气，再抓一抓一年比一年少的头发，他便轻声叹口气，扫视一遍四周，然后垂下头继续玩手机。

虽然事业的种子没有了，他的土壤里还有一枚不曾充分发育的感情种子。

四

与事业一样，李新国的感情生活至今平淡无奇。高中时曾暗恋两年，毕了业便不了了之。这事儿连他最好的朋友也不知道；是他自己懒得提起。

大学里男女比例失调，系里仅有的五位女生全是哥儿几个熄灯后在床上调侃的对象。李新国虽不戴眼镜，但五官长得好像不大对称，只是个子高些。因此那五位女生的梦中很少出现他的身影。

他经常闷在宿舍里，蜗在电脑前，胳膊肘顶着膝盖，身子蜷得像个虾米。除了打CS，他最大的爱好是从网上搜集许美静和梁静茹的图片，时常翻出来看看，咧着嘴呵呵傻笑。

那阵流行网恋，于是他在BBS上跟女生彻夜长聊，还坐火车去见了网友。他觉着她长相平平也不喜欢计算机，就对她失了兴趣。

唯一一次正经八百的恋爱，是跟他师姐。师姐身材高挑，杏仁儿眼，马尾辫，在旧西方上学时经常坐李新国的邻桌。只要身边一阵风带来独特的香气，他就知道是她来了。

结婚以后李新国才知道坐邻桌这事儿是师姐预谋的。她就喜欢他学习时皱眉瞪眼的那股认真劲儿，老师讲笑话时她就用右手轻轻撩一下鬓角，顺势瞟一眼双目圆睁的邻桌。

邻桌的确动了心，他感到了她的秋波，却不敢斜视，涨着脸半天才咽下一口艰难的唾沫。除了帮她抄了很多笔记，他并没有其它的表示。毕业分别时只是"啊，拜拜"了一声，便伸着脖子张着嘴看着师姐荡着裙摆飘走了。

那时的李新国第一次尝到爱情的滋味，如同一只在草地生活惯了的蚂蚱不小心闯进百花园，不知如何是好，也不知如何解释自己常无头绪的情绪变化。在说了拜拜后的几天，他攥着师姐的呼机号，几次想呼她，后来干脆把那纸条扔到键盘下面。还是在游戏世界里感觉是个爷们儿！

相比之下，师姐成熟得早，很早便做好了关于事业和感情的规划。这和她的父母是设计院的研究员不无关系。

她只是没想到这么早就遇上了如意郎君，而且这人几年后仍然单身，真是机不可失。还有一点师姐没想到，就是自己居然读书上瘾，一口气念完了博士。

在研究生院六年半的坑坑洼洼，加上结婚生子以来的磕磕绊绊，磨掉了她不少锋芒。可是，不再锐利的师姐还是李新国当初喜欢的那个师姐么？

不管怎样，李新国越发感到生活的无趣。本来就是淡水一杯；孩子带来的束缚以及婆媳之间的冲突，又像往水里掺了碱，又涩又扎。他再也感受不到作为男人的潇洒与自在了。

也许男人本来就没有潇洒与自在；那些只是*男生*的特权。当它们悄悄从身边溜走时，男生才会长大成人。

有时李新国想排解，却找不到倾诉对象。一和妻子开口，话就变了味儿，最终不欢而散。毕竟，师姐心里容不下两个男孩儿。老公怎么能和儿子争宠？妻子的口若悬河一度让他心驰神往，如今她说的每一句话仿佛都扎得他隐隐作痛。

李新国挺能忍耐，就像从小在心里修了坚固的堤坝。不过若水积的太多，总会出问题。而偏偏只有师姐看不出他的变化。

这时，犹如上天安排的玩笑，从CMU来的大三实习生邓芷婕来到了李新国的开发组。她就像一只不小心的云雀，啄松了堤坝脚下的泥土；那而儿恰恰是男人冒险种子的栖息之地。萌芽的种子撑裂了堤，情感之水随之澎湃而出。

五

邓芷婕，1992年生人，北京户籍。小婕遗传了父母的基因，天生聪颖秀丽。与李新国和师姐的知识分子出身大相径庭，小婕的父亲是位头衔不小的官员，母亲曾是上海的名媛。爷爷参加过长征，外婆执掌过江南的三四座当铺。

家庭影响性格，性格决定命运。邓芷婕的人生或蹊跷离奇，或波澜壮阔，但注定缺乏平淡。

她在出国前的大部分时光是和母亲度过的。每当她闪着好奇的睫毛问妈妈和爸爸相遇的故事时，妈妈总是笑而不答；那微笑中透着一点儿神秘和黯然。自从爸爸离开了妈妈，小婕就再也没产生过这样的好奇。

爸爸的面目在小婕心中早已模糊（妈妈烧掉了所有关于爸爸的照片）。在她脑海中他只是一尊高大魁梧的背影，和经常弄得她痒痒的板寸和短须。有爸爸的日子是她最幸福的时光。那时他们和几家叔婶合住一个四合院。这个院子保存的非常完好，一共有三进，与在北京常见的大杂院有天壤之别。青石甬道，丁香遍园，曲径通幽；红门柱、金垂花、绿游廊。就连大门处的石狮和影壁上的鲤鱼在历经了百年风霜后，仍然生动得呼之欲出。

然而小婕唯一印象深刻的，是夏天的傍晚和人们在院中四处落座的情形。在一片红紫的夕阳余晖中，知了声、欢闹声、儿歌声此起彼伏。大人们要么谈笑风生地吃着西瓜，要么三两成群地议论着小婕听不懂的话题。每到这时，她便跟着几个堂姐正襟危坐，围在妈妈的藤椅旁，听她体态优雅地描述悲欢离合的人间故事。听着听着，从爸爸那个方向闪来的几点火光、以及几位叔叔英俊的剪影，便与天上的繁星连成了一片。

妈妈的家教甚严。年幼的邓芷婕已然是淑女，起身和落座都像在演芭蕾舞。然而几年后，小婕像疯子似的大哭和撒泼，全是因为爸爸。爸爸走了；一位新的叔叔粗鲁地闯进了她们的生活。不久以后，他们三个搬出了四合院，与一位佣人、一位园丁、一位司机一起，入住了北京西郊的一座别墅。

六

据说这座别墅是有名的建筑师设计的,混搭了各种欧式和中式风格。一些内行人看了,暗地里对这座四不像嗤之以鼻——他们或许只是出于嫉妒。外行的朋友无不赞叹它的豪华壮丽。

正对黑漆大铁门的是一片绿地和几株灌木,中间夹着一条碎石路,铺到一座石砌的方形水池下,被劈成两半,呈两道弧线延伸至水池后面。水池中央立着尊仿青铜的半身像,下身是石块垒成的基座。他是强壮的野心家、希腊海神波塞顿。他手持三叉戟护卫着眼下的这片土地。金属的身躯披挂着一条条绿色的铜锈;三叉戟的尖儿上飘着几朵蛛丝粘连的柳絮。

碎石路蔓延到水池后的别墅脚下。这是一座平顶洋楼,上下两层,看起来却有三层楼那么高。十二根陡峭的立柱、大门拱券上方犹如王冠的弧形装饰墙、再加上四周向外延伸近一米的屋檐,让这房子显得十分高贵。立柱、拱券墙、和屋檐都是煞白的颜色。屋顶呈暗红色,从屋檐上稍微露出个头。淡灰色的仿石墙砖中透着米黄,排列在立柱后,从屋檐一直铺到墙角。立柱间有几扇巨大的黑色窗框,每扇都有一层半楼那么高;它们上部是镶着白边的半圆形拱券,下面由一溜黑漆铁栏杆接地。

十二根立柱中有四根是门柱,两两并拢在大门左右拔地而起。它们是粗大雄伟的多立克式柱子,表面各有二十道半圆截面的浅槽。从柱间走过——已觉置身世外——再推开宽大沉重的栗色防盗门，便见一座金碧辉煌的大吊灯高高悬在半空。这吊灯如乒乓球桌般大小。三十六盏蜡烛形状的灯泡上下交错排开，镶嵌在千万条金色或银色的链子中。闪亮的玻璃片散发着集中而耀眼的光芒。

大吊灯的辉煌让坐落在它下方的客厅略显暗淡。只有在裹着枣红色绒布的大沙发中坐定后，你才能注意到莨苕叶片和卷草纹形状的浮雕装饰，爬满了金色的沙发脚和茶几围栏。只有在弥漫着石蜡味儿的大理石地板上踱步时，你才能留心到延墙摆放的镀着金边的陶瓷雕塑，是那样精致。

我们无法尽数这座别墅的奢华。来访的知识分子们无不瞠目结舌地观赏这座古罗马风格的客厅，或探着头在性感的巴洛克卧室门口唏嘘不已，或站在中式书房的桃木书柜前赞叹主人的陈列。即便在如厕时，也有人不由推起眼镜仔细观察那只铁质花边的纸巾盒。

七

唯一没有被客人们参观过的房间,是小婕的新闺房。就连继父也没有进来过。整个房间是小婕妈妈一手设计的。所有家具和装饰是小婕最爱的紫色和白色:浅紫的墙、纯紫的帷幔、丁香花图案的床单、梳妆镜上的紫水晶、裹着乳白色绒布的梳妆椅和沙发、白漆的灯具和书桌,如此等等。当小婕端坐在床沿时,孩子气的前额和两腮被映成紫色,动人至极。

然而,无论新房怎样别致,也是一片冰冷陌生的世界,或者是一架让人窒息的笼子。因为十岁出头的小婕再也感受不到爸爸的气息。光滑的大手、粗壮的胳膊、和让她倍感安全的浓密眉毛和高鼻梁,都到哪里去了?

那几双摆在门口的大皮鞋永远消失了。那枝从旧家带来的大衣架,空空如也,再也没有呢子大衣与鸭舌帽与它作伴。小婕每次从那衣架旁经过,都要下意识地看一眼,都要心里一沉。曾经让她讨厌的烟味儿,如今她多么向往啊!空气里无比轻微的香烟味道,都会让她激动。一开始,她会打个冷颤,神经质似的四处搜寻爸爸。后来,她闻到烟味眼睛就会湿润。再后来,她开始讨厌烟味,像老鼠一样逃避任何一片有烟味的空气。

她不喜欢同学们异样的眼光。她也讨厌班主任,因为她的眼光更异样,说出的话让她更难过。她恨有爸爸的同学,尤其是她的朋友，因为她怕她们提起她们的爸爸。她恨高大英俊的男人，因为他们太像爸爸了，而她连拥抱他们一下都不行。

她恨妈妈，恨她没有长得再漂亮一些儿把爸爸留住，恨她当初和爸爸吵架，恨她如今再不提起爸爸。小婕多想冲妈妈大喊："我好想爸爸！我要爸爸！叫他来看我一眼，就一眼好吗？求求您了，求求您了！"然而她不敢：只要一提起爸爸，妈妈就会哭好长时间。

她讨厌那个新叔叔，一年到头也不和他说几句话。和爸爸比起来，他就像个大田鼠一样丑陋。他对她一点儿都不好，从来没看过她的考试成绩；即使对她好也是做给妈妈看的。他对妈妈低三下四，就像语文课代表对班主任那样，让人恶心！最让她生厌的是这只田鼠靠近妈妈时的样子，因此她从不和他们一起坐在客厅看电视。她和他们出去玩也是一个人走的远远的。

她在这个年龄只有幼稚的逻辑思维与肤浅的自我意识。她无法体察深层的痛苦，无法表达复杂的情绪，更无法解释自己的行为。她的词汇里只有高兴、难过、好人、坏人。她那颗万分敏感的内心，一旦遭受伤害，便难以得到释放与恢复。经年的伤势，沉积在不断发育的内心，便塑造出了五光十色的性格。这就如同牡蛎体内的伤疤会愈合为形态各异的珍珠。

人生未完。待续。

xialibadan@gmail.com

www.ingramcontent.com/pod-product-compliance
Lightning Source LLC
Chambersburg PA
CBHW030220100526
44584CB00014BA/1400